LOUFOQUERIE

Aux Poèmes Déglingués

EFL

LOUFOQUERIE

Aux Poèmes Déglingués

Florilège de poésie

Édition : BoD · Books on Demand GmbH, In de Tarpen 42, 22848 Norderstedt (Allemagne)
Impression : Libri Plureos GmbH, Friedensallee 273, 22763 Hamburg (Allemagne)

Illustration couverture: Dessin réalisé en 1999 d'un portrait de chimpanzé souriant

ISBN : 978-2-3224-7876-7
Dépôt Légal : Octobre 2024

Remerciements

À ma mère, Jeannine

À ma famille, à mes amis
pour leurs soutiens et encouragements

À mes amis poètes, aux lecteurs

Pirouette du poète

La pirouette du poète
Est de jouer avec les mots
Et pour être à la hauteur
Pour les mettre tous en valeur
Il faut être un jongleur

La pirouette du poète
Est de transformer les mots
Qui ne parlent que d'amour
Pour qu'ils soient tendres et velours
Il faut être un troubadour

La pirouette du poète
Est de faire chanter les mots
Et sous des accords de vielles
Des chants purs de tourterelles
Il faut être un ménestrel

La pirouette du poète
Est de colorer les mots
Les teinter tout en douceur
Parfois d'la nuance du cœur
Voyez le marchand d'couleurs

Et pour les connaître mieux
Ces poètes merveilleux
Cherchez les poèmes délicieux...

Des Vaux et des Monts

Des vaux et des monts
Entre des balles et des bals
Deux beaux veaux s'emballent
Des démons qui déballent
S'ente la malle de santal
Que sentent les veaux
Qui hantent les inters vaux
Entre les intervalles
Qui cavalent entre val et mont

Entre val et des monts
S'entent les rafales du val
Où s'affale un dévot sale
Sans sandale et une malle
Parmi les veaux du val
Sans croc, sans mal, sans maux et sans mot
Laissant les cent veaux, sans l'eau
Des sanglots sales du dévot qui dévale
Le val, Valmont des démons

Au-delà des vaux et des monts
Un pâle dévot rival
Celui-là s'empale
Près du poteau du val
Dans l'eau glaciale
Et contre un veau sous l'eau

Qui rencontre le saoulot nigaud
Puis, au galop détale
En sabots au dédale des monts

Aux prés des vaux, au dédale des monts
Un prévôt bancal sur Perceval
Avec une queue de cheval
A cheval au val prévôtal
Auprès du banal canal
Avec son troupeau de veau
Et son cheval qui prévaut
Sur les veaux du pré du val
Dévale par vaux et par monts

Par un val et par mont
Un dévot sans cheval envale
Un autre qui râle et avale
Dans l'intervalle
De l'eau, sans royal régal
Du rural ruisseau
Le sale sot, sans seau
Qui ravale en amont, en aval
Un seau d'eau létale du mont
Aux vaux laids sans volets aux dédales du mont
Entre démons, deux valets s'intercalent
Et deux dévots s'étalent

Au pied du prévôt sale
Du prévôt à queue de cheval
Qui cavale à dos de chameau
Où détale l'infernal troupeau de veaux
Unilatéral aux volets du hameau, au vent du val
Entre des vaux et cerveaux, entre des monts et
sermons...

Au final, ce que dit le vassal
Mieux vaut des veaux dans le val
Qui cavalent à vau-l'eau par vaux et par monts
Que des démons gloutons sur des monts
Qui dévalent entre vaux et des moutons des monts
Entre cerfs des vaux et cerveaux du Valmont
Entre desserts volés et écervelés sermons
Au temps des cerfs-volants du carnaval
Au temps d'un festival estival
Entre des préaux hideux du vassal du val
Et des prés hauts, des prévôts, des banaux badauds
Qui détalent en deux chevaux avec un dévot
Jusqu'au dépôt du dévot sale, là-haut
Tout près du hameau, sans salle, sans volet, sans
malle, sans mot, sans veau, sans chameau
Aux prés des vaux laids sans volets, sans valets, au près
d'un chat laid, tout près des deux veaux...
Point Final...

Pat, un Mille-pattes Déjanté

Pat, maman mille-pattes
Complètement déjantée
Dans sa grande hâte
S'amuse à compter
Toutes les pattes
Sans se tromper
De son bébé mille-pattes
Nouvellement né

Arrivant enfin, à la fin
Comptant les papattes
Du nourrisson
999, 1000...1001
Affolée, elle s'épate
Oh, c'est un garçon !

Pat, maman mille-pattes
Complètement déjantée
Patiente dans son squat
Attendant les invités
A sa p'tite surpatte
Qu'elle a organisée
Pour les autres mille-pattes
Mais aucun n'est arrivé

A cause d'une pancarte
Qui disait : Essuyez vos milles alpagattes
Enlevez vos chaussons avant d'entrer
Dans mon appart
Pour ne pas abîmer la ouate
Du rez-de chaussée

Pat, maman mille-pattes
Complètement déjantée
Une fois sur mille, boite
Du mauvais côté
Avec sa guibolle pas droite
En bois, de mauvaise qualité
Et surtout inadéquate
Pour la sonorité

Un son qui fait Tic
Au lieu de faire Toc
Et Maman mille-pattes béate
Avec une patte maladroite
Avec une patte en toque
Va, avec sa tactique
Comme Mille pattes déhanchées
Va Pat, complètement déjantée...

Croa Croa le corbeau

Un corbeau croasse "Croa croa"
Juché sur une tête de linotte
Qui a perdu une quenotte
Tout ça parce qu'il croit

Qu'avec une cervelle de noix
Bien au-delà de Jurques
Au dessus d'une tête de turc
Son mélodieux chant s'accroît

Pauvre corbeau qui "Croa croa"
N'aura ni graines ni chayotte
D'un cerveau en compote
Qui se brouille et broie

Du noir, comme l'oiseau
Qui a faim, mais n'aura rien
Hormis une bouille et du vélin
Sombre fin, "Croa croa" le corbeau...

Kasatchok à Pétaouchnok

Au lac gelé, autour de Pétaouchnok
Coiffé d'un casque, habillé d'un anorak
Sur la glace opaque un couple de cosaques
Zigzague et patine sur le kasatchok

Des boucles piqués à la mode loufoque
Entre les pieds levés et les mains qui claquent
Sur la glace opaque un couple de cosaques
Danse et tambourine sur le kasatchok

Succession de voltes, par les deux schnocks
Où virevoltent les cris sur un play-back
Parmi les sons et les sauts démoniaques
Les patins badinent sur le kasatchok

Au-delà des chocs et au-delà des claques
S'attoque un art, un pur folklore slovaque
Qui arque les corps et évoque une époque
Le temps d'un kasatchok à Pétaouchnok...

Au "Miaou" d'Yves

au Minou de mon père

Dans un parc, un homme vieux
Se promène avec un beau chat
Allant et venant, tous deux
S'essayant à quelques entrechats

Á Yves, j'entendis toutefois
Appelé l'autre, le chat
De son maître, il avait la voix
Miaulant tel un pacha

C'est évident qu'il me ballade
S'éloignant en ronronnant
Sans rien demander, il gambade
Puis il part en me snobant

Lui, n'a ni maître ni maîtresse
Et jamais il n'obéit
C'est lui sur moi qui se caresse
L'inverse est interdit

Pourtant ce gros chat est un amour
Il répond au mot Minou
Mais lui, depuis le tout premier jour
Il m'appelle : "Miaou !"...

Pour la maîtresse en maillot de bain

Pour la Maîtresse en maillot de bain
J'aurais aimé être un "Tampax"
Connaître la douceur des lèvres
A chaque montée de fièvres
Vouloir embrasser le mal étreint
Tel est le destin d'un Tampax
Inaperçu sous le maillot, on m'ignore
Et pourtant j'apporte du réconfort
Pour que Maîtresse soit Relax
Et Charles d'Angleterre l'a rêvé !

Pour la Maîtresse en maillot de bain
J'aurais aimé être un profilé " OB "
Car moi aussi je nage en profondeur
Ma vie je la passe plutôt à l'intérieur
Sans pourtant faire un va et vient
Même si mes jours sont comptés
Je sais que je finirai à la poubelle
Mais grâce aux cycles menstruels
Comme Maîtresse, je suis bien réglé
Aussi raide qu'un autre bâton !

Pour la Maîtresse en maillot de bain
J'aurais aimé être un "Tampon"
Pour bander les terribles douleurs
En rougissant imbitablement de bonheur

Et si ma forme rappelle un autre engin
Moi je ne suis pas dur, en fibre de coton
J'aime les chaleurs et m'y abandonne
Quant au reste... Je m'en tamponne
J'absorbe, je suce sans être cochon
Tout un symbole autant qu'un pinax !...

Note :
Le prince Charles a écrit à sa maîtresse Camilla qu'il
rêvait d'être un Tampax... pour à sa façon lui dire qu'il
l'aimait... (histoire parue dans Pronto, magazine
féminin espagnol)

Autant en emporte la feuille

Brelan, Poésie du XXI

Poème dédié à "l'arbre du paradis" – 1929 de Séraphine Louis au musé de la Vénerie à Senlis.

Autant en emporte la feuille
L'automne tape-à-l'œil
Roux comme l'écureuil
Chevauche le vent en trompe l'œil

Comme l'arbre aux mille feuilles
L'automne s'écueille
Tombant sur un cercueil
Autant en emporte la feuille

Autant en emporte la feuille
Dont le vent effeuille
L'arbre si las, en deuil
Au paradis il se recueille

Et chaque heure se défeuille
De rêves en écueil
Une vie sans orgueil
Autant en emporte la feuille

Et vers l'oubli que courre la feuille
Tombant sur le recueil
L'automne s'écueille

Au paradis et en un clin d'œil

Autant en emporte la feuille...

Chanson de la source

Là où chantonne la petite source
S'entend des gravillons blancs rouli-roulant
Parmi l'eau azurine qui couli-coulant
Glougloute joyeusement dans sa course
Vagui-vaguant sous la petite ourse
Ainsi chantonne la petite source

Là où fredonne en cadence douce
Un tapis de clapotis flotti-flottant
Qui va parmi les gerris sauti-sautant
Froufroute un pipit à gorge rousse
Trotti-trottant entre roches et mousses
Ainsi fredonne une chanson douce

Là où chantonne la petite source
En fin ruban de bulles moussi-moussant
S'entend les gouttes s'égoutti-s'égouttant
Glougloute égayant d'autres ressources
Vogui-voguant dans l'élan de sa course
Ainsi chantonne la petite source...

Fabliau du Goret

Un puceau sanglier nabot
Voulait courtiser
La plus belle laie, une " Bimbo "
De son quartier

Il l'invita en son jardin
Pour un dîner
De groin à groin
Et plus si affinités

Un dessert gourmand
Il avait cuisiné
Un flan aux glands
Il lui a présenté

Décidément, ce macho
A des qualités
Pensa la laie, du gros morceau
Qu'elle avait dégusté

Puis arriva l'instant
Pause-café
Il devint entreprenant
Sur le canapé

Il voulut des bécots
Et la peloter
Elle le gifla aussitôt
Pour le stopper

Puis elle partit sur le champ
Sans cesser
De grouiner après le porc cependant
Mal léché

Moralité de huron
Dans chaque sanglier
Dort un gros cochon
Qui veut baisouiller...

Trois Petites Chauves-souris

Dans un parc, à la tombée de la nuit
En avril, trois petites chauves-souris
Zozotent, têtes en bas, de tout et rien
Puis soudain, une des chauves-souris part
Sans prévenir et dix minutes plus tard
La bouche toute pleine de sang, revient

Les deux chauves-souris lui demandent :
Qu'as-tu fait et pourquoi est –tu partie ?
Et elle leur répond tout en souriant :
Voyez là-bas à l'arrêt de taxi
Sur le banc, endormie une Allemande
Je l'ai mordue, j'ai sucé de son sang
C'était Délicieux, Terrible, Bon sang !

T'as pas attrapé le poison d'avril ?
Zouc que Non ! Elle n'avait pas le profil

Ainsi alors la discussion reprit
Entre les trois petites chauves-souris
Quand l'une d'elles s'envole à son tour
Laissant ses amies entre deux calembours
Elle revient vingt minutes tardivement
La bouche et le menton pleins de sang
Les deux chauves-souris l'interrogent :
Qu'as-tu fait, pourquoi t'es–tu envolée ?

Et l'autre avec un sourire ébahi :
Voyez les bancs bleus qui longent l'allée
Y'avait assis un blond et sa gorge
Je l'ai mordue, son sang je l'ai sucé
C'était exquis, un bon goût de Yankee !

T'as pas attrapé le poison d'avril ?
Zouc que Non ! Il était malhabile !

Alors la troisième chauve-souris
À ces mots s'envole laissant ses amies
Le temps passe, puis cinq, puis dix, puis vingt
Elle revient enfin au bout de trente
Du sang sur la bouche, menton et ventre
Les yeux exorbités comme un bovin

Les deux curieuses posent la question
Qu'as-tu fait, qu'est ce qui t'es arrivé ?
Le petit vampire alors a répondu :
Essayant de sourire mais tout penaud
Voyez l'arbre, à côté du buisson
Zouc oui, oui, bien sûr, il est assez gros
Bah et ben Zouc, moi je ne l'ai pas vu !...

Exclamation

Oh la vache !... expression singulière
Locution interjective familière
Exprimant le point d'étonnement
Un choc ou la surprise, vachement !

On l'utilise à bon escient
Via un effet alliciant
Pour esclaffer l'admiration
Dans une superbe élation

Oh la vache!... un air potache
Locution, à laquelle on s'attache
Pour amplifier un choc
Ponctuer d'un électrochoc

A travers maintes expériences
Comment célébrer l'existence
Où parfois se voue la passion
Dans la joie ou avec effusion

Oh la vache!... Oh la vache!
Une expression qui flashe
Ici, s'exprime l'enthousiasme
Merci Freud et son fantasme !

Alors encore... Oh la vache !...

L'Amour Vache

Quand une vache, dans le pré, s'amourache
Quatre pieds cadencés, elle se déhanche
Vachement elle flashe et son cœur flanche
Pour Flash, un bonheur aux bandantes moustaches

Si l'amour vache est, dans le pré, se cache
Sans relâche, pour s'en payer une tranche
L'élan n'est pas, en se ruant sur le manche
Que vache s'ébat, au foin avec panache

Et quand un « Meuh », dit, de plaisir se déclenche
Au précieux pis pétri, le lacté se crache
Comme « bouse qui éclabousse », ça tache !

Ainsi rumine le bovidé qui mâche
Un désir rabâché, aux pendantes branches
L'amour vache, c'est aimer, quand on s'embranche...

Jane vouloir Tarzan

Dans sa marmite
Un soir d'avril
Avec la *Mithridamite*
La sorcière en exil

Prépare sa potion
Un élixir juvénile
Une « Jane » transformation
Dans un corps gracile

Se promenant en forêt
Elle rencontre Tarzan
Attirée par sa bestialité
Elle le désire ardemment

Moi Jane;Toi veux baiser...
Tarzan dit: " Trou arbre utilisé "
Non, tu te trompes Tarzan
Je vais te montrer à présent

Elle s'allonge à terre
Et dévoile son intimité
En ôtant sa robe claire
Ici, trou de toute beauté

Ici, il faut mettre ton sexe

Tarzan alors tout content
Mais un peu perplexe
S'avance le membre en avant

Et donne un coup de pied
De douleur, Jane se tord
Et lui demande alors
Bien qu' interloquée

Pourquoi Toi donnes coup ?
Tarzan dit: " Moi vérifier
Si abeilles sont dans trou
Faut toujours se méfier "...

Moralité : Rien ne sert à Jane de se transformer
On récolte souvent ce que l'on a semé:
Poison ou élixir n'ont aucun effet
Sur un Tarzan excité mais imparfait...

*Mithridamite: mot imaginé provient de Mithridate,
l'Antidote des poisons dont la formule était attribuée à
Mithridate VI Eupator, qui l'utilisait pour se protéger
d'un éventuel empoisonnement.

"Banzaï" à l'Onomatopée

Écoute les bruits du monde
Brève est l'onomatopée
Au cœur de la nuit profonde
Chaque son s'est développé
Écoute les bruits du monde
Comme l'onde vagabonde

"Crac" une branche qui chute
"Zut" dit l'ourson sur la butte
Siffle un train lointain "tut tut"
"Meu Meu" la vache qui dit "chut"
"Crac" une branche qui chute
Comme l'onde se volute

"Crac" une branche qui casse
"Plouf" elle est tombée dans l'eau
"Coa" un crapaud coasse
"Croa" répond le gros corbeau
"Crac" une branche qui casse
Comme l'onde se prélasse

"Hou Hou" un fantôme traîne
"Hou" hulule le fin hibou
"Ding Ding" ce sont les chaînes
"Bang" trop soûl dit le caribou

"Hou Hou" un fantôme traîne
Comme l'onde se promène

"Miaou Miaou" un chat miaule
"Crac" grince alors le plancher
"pi pi pi " un poussin piaule
"Miam" par un pacha alléché
"Gloups" gobé comme la niaule
Comme l'onde du plagiaule

Mais moi, je préfère le "Aïe"
"Tic tac" passe la seconde
Où chacun braille"Wouppalaye"
C'est un espoir pour ce monde
Un petit son pour un grand "Aïe"
Quand là, règne la pagaille...

Affixe et Suffixe

Quand le Khi s'affixe
Le cri du coq, kikiriki
Il est l'espagnol suffixe
D'un coq tout riquiqui
Dont le lexical affixe
Couique le coq Quickye
D'un couic du Ki

Et le beau cocorico
Qui se fait hara-kiri
Quand l'Ara Macao
Crie au ras du Kiki
Où répond l'écho
Un cri d'haras qui rit
Matahara, Matahari

Et l'âme lamée du Coco
S'envole sur le suffixe
L'Amérique pour l'oiseau
N'est qu'un affixe
Qui lame l'âme et l'écho
D'un astérisque l'Aptéryx
Qui s'apocope et se suffixe…

"Abrapatatra!..."au jour du Sabbat

Au cœur du silence et de l'obscurité
Aussi sombre et habile qu'est un alais
Volant à califourchon sur leurs balais
Là, sombrent sorcières et austérité

Au cœur de la forêt, en sécurité
Toutes vocifèrent, des sorts bien trop laids
Invoquant jusqu'à Satan s'il le fallait
Par une lune dans sa maturité

Mais dans les splendeurs de la vulgarité
Une des sorcières s'est trompée de lai
Invitant "Grande Faucheuse" sans délai

"Abrapatatra!..." dans la festivité
La mort seulement eut grande activité
Par sa faux, tranchant les têtes sans relais...

A l'abattoir

A l'abattoir, la mort est de coutume
Qui voyage avec une enclume
A travers les Cévennes, où l'on saigne
Des animaux qui, dans leur sang, se baignent

Ici, des cris, des hurlements s'enchaînent
Cochons, vaches, veaux sont tués à la chaîne
Pour repaître la société humaine
Là, des mâchoires d'acier se surmènent

Là, des plaintes et des pleurs se promènent
Entre ceux mourant debout, qu'on assène
Et ceux qui attendent le coup de grâce
Tremblotant, dans cet univers de glace

A l'abattoir, la mort est souveraine
Qui voyage avec une enclume
A travers les Cévennes, on exhume
Douleurs et peines où l'esprit s'aliène...

Festin

Un quart de lune sur un espoir de faïence
Et six vers d'arlequins nous nourriront assez
Une étoile perdue éclairant les pensées
De notre solitude où le rêve est vaillance

Un toast en souvenir de notre adolescence
Champagne d'autrefois dans les regrets frappés
Et le pousse-illusion pour nos demains dupés
Autant nous griser à notre future absence

Je t'avais invitée aux noces d'un banquet irréel
Où la foi des vingt ans mélange terre et ciel
Commensal impromptu des humains et des anges

Mais ta raison cherchait les viandes et le vin
Tu ne goûteras pas à tous mes mots étranges
Car ton cœur n'a jamais connu ni soif ni faim...

Pirouette

Mais qui m'a volé la rime
Sans le bruit de son grelot
Mon poème tombe à l'eau
Et glouglou pour le sublime

J'entends encore sa chanson
Taquiné à mon oreille discrète
Courons sus à la pirouette
Sans éveiller le soupçon

Regardons passer le train
Sur les rails hors de l'espace
J'ai perdu le mot de passe
Mais garde tout mon entrain

À la rime pourquoi n'ai-je
Pas passé la corde à ton cou
N'ai-je plus qu'à mettre au clou
Mon beau poème de neige

L'on va me montrer du doigt
Poète à la noix sans rime huée
Mais pour la frime j'ai révéré
Un rêve révélé et je te le dois...

Ça rime à quoi

À quoi ça rime
D'écrire des poèmes ?
Ce n'est pas un crime
Que d'avoir l'esprit bohème

À quoi ça sert
D'écrire des poésies ?
Ce n'est pas un travers
Que de conter à mots choisis

À quoi ça mène
D'écrire des vers ?
Ce n'est pas une peine
Que d'être un peu trouvère

À quoi ça aboutit
D'écrire des proses ?
Ce n'est pas un délit
Que de se croire virtuose !...

Demande de poème

Vous me demandez un poème ?...
Cela ne semble rien !... Pourtant
Je ne trouve jamais le temps
De réfléchir à ce que j'aime

Un poème ?... C'est un frisson
C'est un murmure, un peu de rêve
Ou plutôt comme une chanson
Qui vient mourir près d'une grève

Parler des cieux ?... Des fleurs, des bois ?
Des nuits, de l'onde ou des orages?
On a ri trop souventes fois
Des gens qui vivent de mirages

Où sont Lamartine ou Musset ?
Leconte de Lisle... ou Verlaine ?
Tous ceux qui eurent du succès
Et ceux qui sont morts dans la peine

Nous autres n'avons plus de temps
De donner forme à notre rêve
À peine une guerre s'achève
Une autre est là... qui nous attend

Car nul n'est à l'abri vraiment
D'une invention plus diabolique
Et il faudra créer maintenant
L'ère du poème... Atomique !...

Conte de Lune

Un soir où la lune était blanche
Sur la douceur d'un vent discret
J'ai cherché sous le jeu des branches
La clef des contes à secret

Dans les bras d'un ogre aux yeux tendres
J'ai vu le Petit Poucet endormi
Le Chaperon Rouge en mal d'attendre
Sermonnait le loup, son doux ami

Ils ont trouvé mes peurs risibles
Mes souvenirs semblaient déments
Faims atroces… crimes horribles
Quels stupides égarements

Je suis alors allé au clos des roses
La Belle au Bois Dormant cueillait des fleurs
Et Blanche-Neige à son cou rose
Nouait un sautoir de mille et une couleurs

La servante filait du chanvre
La gitane offrait ses clinquants
Et croyant voir la mort descendre
Elle poussa des cris déchirants

Sur les créneaux j'ai vu Sœur Anne
Un oiseau voletait autour
Nul cavalier dans la savane
Et je courus à leur secours

Barbe-Bleue et sa châtelaine
Princes charmants et Cendrillon
Et même Peau d'Âne en habits de reine
Étudiaient un premier cotillon

Le placard du sang et des mortes
Les pièges à faire frémir
Mais des contes de cette sorte
Seul un vieux livre en peut fournir

Livre de guerre et d'heures noires
Qui montre une terre aux abois
Là ce sont des vieilles histoires
De tristes contes d'autrefois

Chaque soir quand la lune est blanche
Sur la douceur d'un vent discret
Je cherche sous le jeu des branches
La clef du merveilleux secret…

L'escargot de l'horizon

Un escargot transparent
Portant sur le dos
Un horizon recroquevillé
Invisible spirale
Tu es dedans
Ton échine de rêve te serre
Dans son enroulement muet
Dehors tu avances
Dedans s'endort ta lenteur
Et la trace infime
D'un infiniment dedans disant
Je viens de l'horizon...

Comme un P'tit Bout de Chien

Titou m'as regardé tendrement
Sa patte s'est posée sur mon cou
Avec des yeux d'un enfant
Qui font des rêves un peu fous
Mais qui sait bien, au fond de lui
Qu'il obtiendra ce qu'il désire
La vérité sortant du puits
Rien ne saurait la retenir

Titou m'as susurré à l'oreille
"Écris-moi un joli poème
Avec des mots qui émerveillent
Où tu me diras que tu m'aimes
Que le temps n'a rien effacé
Dans son tourbillon de folie
De cet amour si passionné
Qu'un jour nous a offert la vie"

J'ai pris ma plume et mon vélin
Et de ma plus belle écriture
Les rondes se sont tenues la main
Formant les mots à vive allure

Car l'on s'était juré hier
De s'aimer jusqu'au bout du temps
Portant l'amour en bandoulière

Malgré le défilé des ans

Car chaque jour je t'aime ni plus ni moins
Aujourd'hui plus qu'hier et comme un P'tit Bout de
Chien...

Chandeleur de Bécassine

Quand Bécassine, voisine de Tartine
Invite à la chandeleur, le mamie-boom
Tout va de travers, en l'air, tout se débine
Et les crêpes atterrissent au living-room

Ah! Ah! Ah! Rigolo, t'as vu ta trombine
Ah! Ah! T'as plus qu'à te lécher les babines

Faire des crêpes, ce n'est pas de la tarte
Même si on peut être une bonne pâte
Et rater ses crêpes et flamber la carte
Avec Bécassine tout se carapate

Ah! Ah! Ah! Au boulot, t'as vu ta cuisine
Ah! Ah! T'as plus qu'à lessiver la chaumine

Quand Bécassine, voisine de Tartine
Fait sauter toutes les crêpes dans la cuisine
Du plafond au sol gris y'a de la farine
De la pâte molle collée aux bottines

Ah! Ah! Rigolo, t'as vu la barbotine
Ah! Ah! Les grumeaux, t'as vu ils s'agglutinent

Faire des crêpes, ce n'est pas de la tarte

Même si on peut être une bonne pâte
Et rater ses crêpes et flamber tout l'appart
Avec Bécassine tout se carapate

Ah! Ah! Ah! au boulot, t'as vu ta cuisine
Ah! Ah! T'as plus qu'à ravaler la chaumine...

Pets Intenses de Bécassine

Lorsque Bécassine pète
Pour honorer les Mojettes
Tout autour de la planète
Se déchaîne la tempête

Au village La Péttière
Ses pets y sont légendaires
Comme la potion magique
D'un village d'Armorique

En entrant en Résistance
En pétant en abondance
Elle a fait fuir l'envahisseur
Grâce aux mauvaises odeurs

Lorsque Bécassine pète
Le ciel tombe sur la tête
Tout autour de la planète
Se déchaîne la tempête

Et elle pétouille souvent
En déclenchant les vents
Sans que ce soit une offense
Elle fait foi et pénitence

Et pour marquer la victoire

Tous fêtent au Saint Pétoire
Le sacre du pet musical
En défilant à la chorale

Et les pets à répétition
Composent des incantations
Qui trompettent jusqu'au divin
Et font trop péter les tocsins

Car avec la flatuosité
Qui pourtant n'a aucun secret
Bécassine n'a pu choisir
Un pet prévaut un empire

Et quand,...Bécassine pète
Et déchaîne la tempête
Elle sème des vents mauvais
Mais là, personne n'est parfait

En lâchant les flatulences
En France et en silence
C'est ici qu'on pète le mieux
Et dit-on, on y est heureux

À s'en faire péter la panse
La Mojette en pénitence

Pour le bonheur des pétouilleux
Par Toutatis et Nom de Dieu !...

Décidément

Des six déments, nous étions sans nouvelles
Esprits d'aiguisés savamment contrefaits
Faire les vents d'Anges pour se faire la belle
De nous, décidément ils s'étaient bien joués

Sans mot dire, il a fallu qu'ils, sans canne, aillent
Sur le triste continent des expatriés sur le volet
Ces cancres-là ont joué les passe-murailles
Avec l'alarme à l'œil et l'alibi dos, ils se sont défaussés

Lits vides et île lettrée, plongeant dans le coma
idyllique
Ces malades manteaux travaillent du six boulots
Et hop ! Des lits de fuite pour nos psychédéliques
Les mots rendent les cris vains, et la musique porte
haut

C'est une forme alitée que de remplir nos verres
Écrire des maux laids pour les cerveaux lents
L'avenir est à qui perd ses vers
Et c'est dans l'amour entre adultes, qu'on s'entend...

Frais coq à Colas

Mon ami Colas s'était épris des poules
Mais c'était fini, car la galine assez
Clairement niait à ce garçon lassé
Son pouvoir céans. Ça lui foutait les boules !

Dans la basse-cour, seul un pigeon roucoule
Fait le beau, séduit la gent ailée... Gla-cée !
Il comprit qu'un coq devrait venir chasser
La cocotte au nid. Qu'un roi crêté déboule !

Mais le coq âgé reste sur son perchoir
Et les poules crient en perdant tout espoir
De connaître encor le bonheur des couveuses

Mon ami, en pleurs, de désespoir frôla
La folie. Adieu ! omelettes baveuses
Ce que poule veut : un frais coq à Colas...

Colas : diminutif de Nicolas

Le chat huant

Fable

Le chat-huant faisait un vrai raffut
Chaque fois qu'il rencontrait l'âme sœur
Et ses problèmes de corps et de cœur
Étaient prétexte à un certain chahut

L'âge venant il arriva parfois
Qu'il se fit moins bruyant que d'habitude
Puis il advint qu'il préféra l'étude
A sa prouesse ancienne, à ses exploits

Un beau jour cependant il rencontra
Au coin d'un bois une belle chouette
Fou amoureux à en devenir bête
Il ne fut pas déçu et il la dragua

Alors recommença la sarabande
Et chaque nuit durant tout un printemps
Se comportant comme dans l'ancien temps
Il enflamma la forêt et la lande

Mais un matin au milieu de pelotes
De déjections on trouva le hibou
Bien incapable de tenir debout
Criant: « J'ai fait pipi dans ma Hulotte »

Moralité:
Il vaut mieux décrocher quand il est temps
Avant d'être un beau vieux et incontinent...

Le Chat Pitre

Le Chat Made in France
Ni Chat teint mais Chat teigne
Chat pelure blanche
Dans vos beaux quartiers
Il traîne

Pas Chats aux Émirs Rats
Il crache Chat la face du Chat dort
N'aime pas les Chats laids
Ceux qu'il nomme les Rats thons
Ou les Rats-porcs

On les connaît bien ces Chats maillés
De laine ango Rat
Les Chats là, Chats rognards
Chats sœurs, Chats Rats cistes
Nourris au Rat goût Lepeniste

Des ratés
Ils Rats tissent nos avenues
Chat queue année, au mois de mai
Et nous crient babines retroussées
Marre Rats Thons

Ce Chat moi je ne serai jamais
Je préfère mourir de Chat grain

Ou me réincarner en Chien
Au Rat mage des Chats mots
En parlant de castration

Il ne faut pas oublier le Chat Pont
Celui qui va à la Chat pelle
Absout par le Chat moine
Pour Rat Chat de ses Chat loperies
Quelle belle Chat rité!...

Pico le moustique

Pico Pico par ci, Pico Pico par là
Que c'était beau que cette samba là

Pico, Pico tic...Pico Pico tac
Là, les moustiques oh ! Passent à l'attaque

Il en est venu de partout
Mais pas pour danser le bayons
Visant surtout les tendres cous
Fonçant par ligue en bataillon

Puissants comme des messerchmitts
Ils se sont crus en temps de guerre
Faisant péter quelques durites
Et déclenchant crises de nerfs

Pico Pico tic...Pico Pico tac
C'est le concert des mains qui claquent

On les entend ainsi vrombir
Cherchant terrains d'atterrissage
Ils tournent en rond et c'est le pire
Quand ils sentent les nuits d'orage

Ils s'abattent sur bien des cuisses
Et s'excitent sur des derrières

Chez eux y a une part de vice
S'emplissant la sous ventrière

Pico Pico tic...Pico Pico tac
Les moustiques oh ! Nous jouent du Bach

Parfois le moustique à la louse
Il veut une p'tite chair à sucer
Près des points d'eau ou près d'une pelouse
Et il se fout de ses excès.

Puis le Pico qui rigole dans son coin
Se dit "Je vais m'en payer une tranche
Du bon sang frais j'en ai vraiment besoin
Je vais la tenir, l'avoir ma revanche

Car l'autre jour lorsque j'avais la gnaque
J'ai eu du mal à reprendre mes esprits
J'suis tombé sur un buveur de Cognac
Moi j' appelle ça de la tromperie

Je me suis réfugié dare dare
En ayant souvent quelques hic
En titubant dessus la mare
Un abri sûr pour moi, le moustique

Dormez en paix gens des grands froids
Moi le Pico, je vous bannis
Un peu partout je suis le roi
Mais surtout pas en Laponie...

La taupe Topy

Chanson

J' suis la p'tite taupe taupe taupe taupe taupe
J'aime mon jardinier avec des " hop "
J'fais mon turbin bin bin bin bin
J'lui donne un coup d'main
Je soulève, j'aère
Les pt'its tas de terre
Je suis agronome
Sorte de fantôme
Je fais des p'tits dômes

Vrai je grignote, gnote gnote gnote gnote
Les plants de carottes
Je laisse pour lui lui lui lui lui
Les fleurs d'pissenlits
Malgré tout il m'aime
Et pendant qu'il sème
J'lui prépare l'terrain
Je soulage ses reins
Il trouve ça divin

Je suis Topy, la taupe taupe taupe taupe taupe
Certains me haïssent
Avant qu'on chope chope chope chope chope
Faut que j'déguerpisse
Ils jurent, me harcèlent
Et avec leur pelle

Ils veulent m'écraser
M'réduire en pâté
Dès que j'pointe mon nez

Pour la main d'oeuvre oeuvre oeuvre oeuvre
Le travail au noir
J'suis pas couleuvre euvre euvre euvre euvre
Je suis la bonne poire
Et pour les heures supp
Je ne suis pas dupe
Je mets le turbo
Je tiens le flambeau

Ils veulent m'gazer zer zer zer zer
Ils veulent me tirer
Au bazouka ka ka ka ka
Je suis dans l'caca
C'est la p'tite guéguerre
S'ils veulent l'nucléaire
Ils n'auront jamais hé hé
De gros choux pommés
De supers navets

J'suis Topy, la p'tite taupe du fermier
J'aide mon jardinier...

Loufoquerie des rats et souris

Et si les RATS m'étaient "conté"
S'ils ne voulaient plus de roqu'fort
S'ils rechignaient sur le comté
Ce serait quand même un peu fort

Alors, laissons leur la parole
D'ailleurs c'est bien ce qui leur manque
Il y 'a pire qu'eux, y 'a ceux qui volent
Les RATS d'hôtel, s'font même les banques

On dit de moi, idée funeste
Que je suis mammifère rongeur
Vous ne dites pas que j'sème la peste
Quand l'opéra me fait honneur
C'est vrai j'ai pas la même veste
Et les p'tits RATS sont des p'tits cœurs

Le RAT dit de bibliothèque
Lui, sait très bien manger des pages
Si moi j'm'en sers comme beefsteaks
On me piégera dans une cage

Et en matière de dégâts
L'humain n'est certes pas l'dernier
Et y'en a qui sont fort gagas
Et combien tombent dans leur guêpier

On dit être fait comme un RAT
Alors, c'est là que le bas blesse
J'connais les pièges, ces scélérats
J'sais les déjouer avec adresse

Chez les humains il y' a des RATS
Avares, radins, ceux qu'on dit pingres
Qui sait, un jour si l'on dira
Que d'être ladre, c'est violon d'Ingres

En fait je n'en veux à personne
Si je fais mal faut me punir
Mais vous les " sages " ce qui m'étonne
C'est votre façon d'me faire souffrir

Pauvres humains, pauvres deux pattes
Vous vous détestez entre vous
Moi je suis fidèle à ma RATE
Et vous quoi de neuf entre époux ?

Et moi petite souris, je peux parler ?

Sans vouloir jouer les cabotines
Je veux quand même dans mes prières
Ah ! Voir bannir la guillotine
Presque la même que Robespierre

Vous dîtes d'une femme " quelle souris "
Vous vous en coincez même la glotte
Permettez donc que j'en souris
Que j'ironise, que je chicote

Vous appréciez l'côté gigot
Celui qu'vous appelez souris
En ce moment c'est l'embargo
Sur l'pauvre mouton, c'est mal parti

Vous avez une dent contre moi
Mais pas l'enfant qui perd la sienne
Je l'entends dire de sa p'tite voix
" La p'tite souris je veux qu'elle vienne "

Et puis il y 'a le dernier né
L'engin qui vous guide sur l'écran
Voyez, je vous fais un pied d'nez
D'être SOURIS c'est du nanan...

Leste Puce espagnole

L'école vétérinaire lance un fervent appel
Et vous les journalistes, l'avez dit ce matin
Dans l'œil de ma maîtresse, j'ai perçu l'étincelle
La petite flamme sensible aux nouvelles, aux potins

Mais moi, berger allemand, j'ai quand même des doutes
Qu' est - ce cette information, sûr'ment un canular
L'école vétérinaire, cet antre que je redoute
Devrait chercher ses puces sur le bon st Bernard

Car il s'agit de puce que recherche cette école
Mais pas n'importe laquelle, un genre un peu spécial
Chouette alors, j'en ai une, et elle est espagnole
Elle danse le flamenco sur mon épine dorsale

Et pendant qu'elle me pique, de son talon aiguille
Moi de ma grosse papatte, j'essaie de m'gratter l'dos
Ça me fait de l'effet, j'en bave et me tortille
Et je rythme la cadence d'un zapateado

C'est une grande école qui recherche cette puce
J'en connais qui ma foi se laisseraient tenter
Ils promettent une voiture, ben ! Voyons qu'elle astuce
Quelle manière singulière, cette façon d'appâter

Avouez qu'c'est alléchant une voiture contre une puce
Mais moi, je garde la mienne, ma chère puce
espagnole
Elle n'est pas ordinaire et lorsque elle me suce
Je me moque pas mal qu'on offre une bagnole

Parfois elle exagère, quand elle me pique la nuque
Peut - être se prend-elle pour un grand matador
Pourtant y' a que chez l'homme que l'on trouve des
eunuques
Alors qu'elle redescende vers mon île aux trésors

Ah ! Mais oui, je la garde, c'est bien le moindre mal
Ma maîtresse est d'accord, je le sais, je le sens
Elle qui veut protéger tout le monde animal
Trouve que cette collecte, c'est vraiment agaçant

Et si c'est pour tester d'nouveaux insecticides
Y' a crime prémédité sur insecte innocent
Quand je pense à l'humain et tous ses homicides
Une puce que prend - elle ? Juste une p'tite goutte de
sang

Quand elle " flamencote " sur mon ventre, c'est l'express
Ça me dérange un peu, je lui donne un coup d'crocs
Je pense que parfois elle apprécie l'xérès
Et elle tangue , elle chavire pour la fièvre du tango...

La pendule parlante de l'oncle Jules

Y'avait les héritiers, le maire, le notaire
Les amis, le curé qui disait des prières
Et là, raide dans sa boîte, y'avait le pauvre Jules
Et accroché au mur un coucou tête de mule
Qui troublait l'assemblée et ne pouvait se taire

Mais celle qui écoutait, qui avait les glandules
C'était la reine des lieux, la pendule d'oncle Jules
Y'avait de longs palabres, d'étranges conciliabules
L'va et vient des neveux, deux hirsutes crapules
L'un machougnait tout le temps, on l'app'lait
Mandibule
Tant qu'à l'autre aux yeux ronds, on l'nommait
Globule

L'horloge les haïssait, c'est pas l'genre qu'on adule
Quand l'oncle était absent, hardis et sans scrupules
Ils se glissaient chez lui, quand venait l'crépuscule
Ils recherchaient dans l'ventre d'la pendule outragée
Quelques trésors cachés quelques pièces "d'or logées "

Et que je te trifouille, que je te manipule
Ce qu'ils ne savaient pas, c'est qu'la pendule parlait
Et elle livrait tout à Jules

Oui, mais, le maître mort, c'est là que tout bascule
Et l'un des deux rapaces soudain stoppe et jugule"
Je veux tout l'héritage, j'ai bien fait mon calcul
Et je vais tout de go, r'mettre les pendules à l'heure
Et l'autre de s'écrier " tu vas pas nous chier une
pendule "
Prêts à en venir aux mains, sans qu'aucun n'capitule

Soudain, l'homme de loi, sans aucun préambule
Leur cria : " J'expose, j'énonce, et voilà, je stipule
C'est assez de vos discours, j'annule
C'est à la p'tite Ursule que revient tout l'pécule
La ferme et le cheptel et je la congratule
Car c'est bien elle qui a soigné l'oncle Jules

On entendit soudain venant du vestibule
Le chant d'un balancier, la voix de la pendule
Qui s'mettaient en mouvements en disant :
On se " montre " et voilà, on régule
Enfin on va revivre et puis coincer la bulle
A LA BONNE HEURE...

Et le coucou, tendit le cou
Heureux lui aussi du fameux coup

Et depuis chaque dimanche quand sonne le campanile
Une petite main discrète , élégante et gracile
Dépose délicatement sur la tombe de Jules
Un bouquet plein d'amour de fleurs de campanules...

Toubib or not toubib

Un médecin pour atténuer d'annoncer le pire
Avait trouver l'escobarderie face à ses patients
En livrant des diagnostics en citant Shakespeare
Pensant que cela aurait un effet anesthésiant

Un jour il fut tancé par un malade mal foutu
Qui lui dit Stop, récitez moi donc un peu de Molière
Si de lui vous connaissez quelques écrits impromptus
Plutôt que de m'envoyer au cimetière

"Aie, Ouille" lui répondit complaisant le praticien
Pour moi il est évident que l'anglais est meilleur
Mais il est bien naturel d'apprécier chacun le sein
Aussi je vous laisse à votre français rimailleur

Hamlet est un vrai chef d'œuvre et c'est mon goût
Qui surpasse amplement votre Malade Imaginaire
Dont il me semble aisément reconnaître en vous
Quelques fâcheuses similitudes bien héréditaires

"Alors là Toubib" lui répliqua illico le client gigotant
La pièce que je préfère est sans aucune hésitation
Le Médecin Malgré lui, fine parodie d'un charlatan
Dont la caricature vous correspond à la perfection

En conclusion
Toubib or not toubib, voilà la question...

Variants du Coronavirus

Parodie de la valse à mille temps de Jacques Brel

Au premier temps de la vague
Un pangolin a transmis le Corona
Au premier temps de la vague
Un pangolin a contaminé les chinois

Et l'OMS qui bat la mesure
L'OMS qui recense les cas
Et l'OMS qui bat la mesure
Me confine, confine chez moi

Un virus à trois variants
Qui s'offre encore le temps
Qui s'offre encore le temps
De circuler plus fort
Du côté de la mort
Comme c'est flippant

Un virus à quatre variants
C'est beaucoup plus contaminant
C'est beaucoup plus contaminant
Mais tout aussi flippant
Qu'un virus à trois variants
Un virus à soixante ans
C'est beaucoup plus étouffant
C'est beaucoup plus étouffant

Et beaucoup plus terrifiant
Qu'un virus à vingt ans

Un virus mutant
Un virus mutant
Un virus autant contaminant
Malgré les masques dehors
Et le vivant côtoie la mort
Que cadencent les confinements

Un virus à cent variants
Un virus à cent variants
Ce virus a mis peu de temps
A contaminer les gens

Pourvu que t'aies le vaccin
Et pourvu que j'aie le vaccin

Un virus à mille variants
Un virus à mille variants
Offre seul aux patients
Trois cent trente-trois fois le temps
De mourir bêtement

Au deuxième temps de la vague
On est deux, tu es en réa

Au deuxième temps de la vague
Nous comptons tous les deux, une, deux, trois

Et l'OMS qui bat la mesure
L'OMS qui mesure les cas
Et l'OMS qui bat la mesure
Nous re-confine, re-confine déjà

Au cinquième temps de la vague
Nous nous vaccinons trois fois
Au cinquième temps de la vague
Il y a toi, y'a l'épidémie et y'a moi

Et l'OMS qui bat la mesure
L'OMS qui mesure notre effroi
Et L'OMS qui bat la mesure
Laissera nous vivre comme autrefois ?

Alors là, je ne sais pas
Mais en tout cas, vaccine-toi
Tous les cinq mois
Car bientôt, ce sera tous les mois...

Allez en paix de nonne

Le petit moine était bonne pâte
Si chou aux mains délicates
Aux soupirs de la nonne décoiffée
Ses joues se mirent à frire rosées

Son cœur de sucre ainsi saupoudré
De glace n'est pas resté
Défroqué il fut
À la nonne il plut

À genoux dans la nef de l'église
Elle expie son péché de gourmandise
Elle promet de se mettre au régime
Égrène coupable son chapelet d'enzymes

Pour digérer au mieux ses excès
De bugnes et autres beignets
Le petit moine jouisseur
Dit : Allez en paix ma sœur

Votre toupet de nonne
Ne vous rend pas moins bonne

Quand votre petit moine
Qui n'est pas Superman
Passe du baume aux dames
C'est pieusement pour élever leurs âmes...

Oranges de la colère

Il parlait sans cesse de mandarine à Clémentine
Celle-ci, jalousie oblige, pensait à une maîtresse
Il faut aussi préciser qu'elle était d'origine latine
Ce qui accentuait, à l'excès sa cruelle détresse

Un jour, n'y tenant plus, elle résolut à se venger
Dans un jus de citron, elle y ajouta de l'arsenic
Et lui tendit le verre, nonchalante mais cynique
Il s'effondra, foudroyé, dès la première gorgée

Il gisait par terre, victime du néfaste breuvage
Et à l'observer ainsi étendu, les bras en croix
Elle ressentit une joie démesurée et sauvage
Se flattant, intérieurement, d'un tel sang froid

Responsable d'avoir concocté le mortel mélange
Elle fut condamnée à une lourde peine de prison
Et, à présent, elle regrettait d'avoir mis ce poison
Car sa famille s'obstinait à lui porter des oranges..

Partir mais où ?

Je suis las d'être encore là
Pour ne rien vous cacher
Je me sens à l'étroit
et j'ai la tête au carré

J'habite ici ...Oui là, vous voyez, maintenant !
En terre du La la land
Ici, c'est un endroit élégant charmant
Ici tranquillement, je glande

J'ai besoin de changer d'air
Pour admirer une nouvelle aire
c'est mathématique
concentrique
Mais qui ne me plaît plus du tout
Il est devenu sens dessus dessous

J'aimerais bien partir
Avec le sourire
Oui, mais pour aller où ?
Le Sud ? Trop chaud ! et doux
Le Nord ? Trop froid !
L'Est ? Trop humide et étroit !

L'Ouest ? Trop venteux !
J'aimerais le juste milieu
Et le mieux pour mon antre
Serait que j'aille au Centre...

Triste Clown

Qu'il est laid, qu'il est triste, on dirait un pantin
"Hop!" un saut, la culbute et la foule s'esclaffe
Une ruade. "Pan!". Il prend juste une baffe
Applaudissez, le clown ! Oh, le vil cabotin !

Tous rit. De la coulisse et jusqu'au strapontin
Se gausse."Qu'il est drôle !" Il tombe, un cri : " Fais
gaffe ! "
Il se relève et chute... et grimace et puis piaffe
Tant que la foule n'est plus qu'un rire enfantin !

Il ressemble à l'enfant fragile qu'on bouscule
Souffreteux. Mais... riez ! Le clown est ridicule !
Une grimace. " Bing ! "" Tsoin ! Tsoin ! " " Badaboum ! "
" Bing ! "

À chaque rire, il prend des coups. Quel paradoxe !
Il retombe. – Pour lui, la piste n'est qu'un ring
Et puis, il se redresse... en titubant. Il boxe...

Clown

Une touche de faux
Pour bien masquer le vrai
Une couche de chaux
Pour cacher les excès

Un nez rouge et rond
Le clown serait parfait
Et de nous, nous riions
Grimaçant le portrait

Trompant le désespoir
Et nos désillusions
Pour un jour, pour un soir
Comme les papillons

Eux aussi, maquillés
Trompant l'ennemi
De dessins étrillés
De divers coloris

Clown ou bien papillon
Chacun a le pouvoir
Donner de l'illusion
Même si tout est noir !...

Bâton pour se faire pâtre

Il s'était donné le bâton pour se faire pâtre
Un projet qu'il avait mené têtu et opiniâtre
Être berger, c'était devenu une obsession
Quel bonheur, pour lui, de vivre sa passion

En ça, il a toujours cru en sa bonne étoile
Cet aboutissement le mettait de bon poil
Il surveillait ses moutons avec tendresse
Les regarder lui faisait oublier tout stress

Pour l'aider, Il avait adopté un vieux chien
Qui, en fait, s'avéra être un vrai bon à rien
Le canin ne faisait que manger et dormir
Il avait appelé ce piètre gardien "Casimir"

Peu lui importait la mollasserie du bâtard
Car sa présence éloignait loup et renard
L'important, surtout, c'était son troupeau
Qu'il guidait au son gracieux du pipeau...

Herbacé ou herbe assez

La consommation exagérée de ciboulette
Peut altérer le fonctionnement du ciboulot
Pour ma part, je m'en tenais à six boulettes
C'est moins flippant que de faire six boulots

La consommation trop fréquente de cannabis
Perturbe l'esprit : on voit la fée Carabosse
Des éléphants roses, on plonge dans l'abysse
On tombe de son lit tout couvert de bosses

J'ai voulu faire un sirop à base de mélisse
Ça ressemblait trop à une infecte mélasse
Alors, je l'ai utilisé pour repeindre mes lices
Ma bonne volonté était soulagée mais lasse

J'ai fouillé dans les pages jaunes du bottin
L'humeur enjouée même un peu cabotine
Car j'ai su, enfin, où trouver du beau thym
Sauf, qu'il sentait trop fort la vieille bottine

Je m'en suis confié à ma bonne amie Lina
Quand je suis venu poser son nouveau lino
Elle désapprouva et de la tête elle dodelina
Sans attendre, elle déboucha un Bardolino

Depuis, j'ai remplacé les herbes par le vin
Ma subtile reconversion n'a pas été vaine
Consommé, avec un peu de pain au levain
Ce nectar est un bienfait pour mes veines...

Ce n'est pas du nougat

Nous nous sommes cachés à Nemours
Pour jouir, pleinement, de notre amour
Bien loin des regards torves et envieux
Le bonheur n'a pas besoin de curieux

Nous nous sommes lâchés à Strasbourg
Multipliant les blagues et les calembours
Les gens nous traitaient de gros dévoyés
Ce qui nous faisait rire à gorge déployée

Nous nous sommes tachés à Bordeaux
Pas question de boire une goutte d'eau
Nous avons fait honneur aux étiquettes
Ça changeait des habituelles piquettes

Nous nous sommes fâchés à Vincennes
Et cela n'avait rien d'une mise en scène
La dispute fut excessive et interminable
Du coup, nous étions devenus minables

Nous avons tout gâché à Montélimar
De notre idylle, nous en avions marre
La vie ce n'est vraiment pas du nougat
Lorsque le sentiment devient renégat...

Sous le vieux chêne

Prenons avec nous quelques bonnes bouteilles
De celles qui renferment le doux jus de la treille
Et retrouvons nous à l'ombre d'un vieux chêne
Loin de toute l'agitation perfide qui nous aliène

Nous referons le monde en parlant haut et fort
Nous aurons tous raison, personne n'aura tort
Aussi, nous deviendrons des fieffés politiciens
Qu'importe puisque nous n'y changerons rien

Nous enflammerons nos propos sur les femmes
De celles qui nous ont déchiré le cœur et l'âme
Ainsi, nous arguerons être de piètres séducteurs
Qu'importe puisque nous n'aurons pas d'aigreur

Et le soir venu, nous essayerons de nous lever
L'esprit embrumé d'avoir trop bu et trop rêvé
Nous repartirons dociles vers la jungle urbaine
Qu'importe puisqu'il nous reste le vieux chêne...

Rossignol, un conseil de mariole

Chante si tu voyages beau Rossignol
À pied ou en bagnole
Chante l'air qu'il te plaît joli Rossignol
La Marseillaise ou la Carmagnole
Chante dans une autre langue gai Rossignol
En anglais ou en espagnol
Chante quand tu te promènes fier Rossignol
À Montmartre ou aux Batignolles
Chante lorsque tu bricoles vaillant Rossignol
Avec un marteau ou une chignole
Chante pour qui tu veux gracieux Rossignol
Pour Gnafron ou pour Guignol
Je te conseille juste une chose
Arrête de chanter faux vilain Rossignol
Car là tu risques la calotte ou la torgnole
Et tout ça, sans un bémol...

Bowling Weeling

Brelan, Poésie du XXI

Ô j'aime le bowling
Quand les quilles jouent à ricochet
Avec la boule d'or guillochée
Suite à un scrolling

Et voilà, décochée
En la trajectoire curviligne
La boule va aller bambocher
Les quilles qui clignent

Ô j'aime le bowling
Quant au premier lancer soient fauchées
Les dix quilles qui par ricochet
S'envolent et puis swinguent

Au strike ébauché
Le pinsetter œuvre son rolling
Un autre joueur en happenning
Cesse de bavocher

Et tire en looping
Ô j'aime le bowling…

P comme Paix

La lettre **P**
Chausse Pied
De Plein Pied
Qui Prend Pied
Au tréPied

De l'alphabet
Au sorbet
L'abée
Sait, débet
Au Tibet

La lettre **P**
Au JaPet
Avec touPet
Sur l'YsoPet
D'un claPet

P, la lettre
Semble naître
Peut-être
Quand Pèse lettre
Au Pied du Paraître

Plus, est- elle ?
La Plus belle ?
Plaît-elle ?
Par fait, qui sait ?
La **P**aix !!!

Gare aux Prénoms

Ils avaient prénommé leur fille Grenadille
Parce qu'elle était le fruit de leur passion
Par contre, l'auraient-ils appelé Peccadille
Si elle avait été le fruit de leur distraction

Ils avaient prénommé leur fils Apostille
Parce qu'il était le fruit de leur réflexion
Par contre, l'auraient-ils appelé Broutille
S'il avait été le fruit de leur élucubration

Ils avaient prénommé leur fils Pendouille
Parce qu'il était le fruit de leurs entrailles
Par contre, l'auraient-ils appelé Andouille
S'il avait été le fruit de leurs tripailles

Ils avaient prénommé leur fille Galipette
Parce qu'elle était le fruit de leurs cabrioles
Par contre, l'auraient-ils appelé Pirouette
Si elle avait été le fruit de leurs gaudrioles

Le choix d'un prénom s'avère cornélien
Surtout si on veut célébrer la conception
Il y a risque de tomber dans le kafkaïen
Ce qui atténuerait cette louable intention...

Palais népalais

Né galet
Au puits de galets
Puis des palets
Empalés aux galets nés
N'est pas laid
Le galet pas laid

Est né palais
Le palais
Né, palais de galets
N'est pas laid
Le palais, est né , palais, né galet, palais de galets pas
laids...

Né népalais, le palais
Le palais népalais
Né palais népalais au Népal
N'est pas laid
Le palais au Népal, né népalais, est né palais, né galet,
palais de galets pas laids...

Né pâle, le palais
Au Népal pâle palais népalais
N'est pas laid

Le palais au Népal, né pâle, né népalais, est né palais, né galet, pâle palais népalais de galets pas laids...

Hara-kiri

Se faire hara-kiri
Le seppuku au Japon
C'est se crever le bidon

Ce n'est pas se bidonner
Avec un sabre, se couper
Pour se faire hara-kiri

Tel un samouraï
A la façon shogunale
Et cela est peu banale...

Plaisir de rhétorique

D'apocope en aphérèse
Au grand jardin lexical
Tenace comme un chacal
Elle ramène sa fraise

La syntaxe aux yeux de braise
Enclose dans son bocal
D'épenthèse en diérèse
Au grand songe lexical

Mais nourri de synérèse
Un mot n'a rien de banal
Quand éclot la fleur du mal
Qu'ondoie une catachrèse
De chiasme en aposiopèse
Au grand bazar lexical...

Le Temps d'une éclipse

Septain en rhétorique

Une ombre paralipse
Un soleil d'or en fusion
La lune chips éclipse
Le disque en éruption

Est-ce l'apocalypse
D'un monde en extinction
Flambe d'une éclipse
Le soleil en perdition

Dissipe l'or en gypse
La lune à l'horizon
Suivie d'une ellipse
Deux points clairs en suspension

Auréolent l'éclipse
Le jour de la collision
Halo nimbé de gypse
Fleurit l'imagination

Une ombre paralipse
Deux cœurs, prétérition
Entre les isohypses
Sombre illumination

Quand la lune s'éclipse
L'éclair d'une émotion
Le temps d'une éclipse
S'étend jusqu'à l'expansion

Une ombre paralipse
Précaire dilatation
Temporaire transition
Le temps d'une éclipse...

Un Amant heureux : Mon Stylo

Mon stylo est amoureux
D'une feuille de papier
Vierge, blanche ou quadrillée
C'est un amant heureux

Enjôleur, actif et pressant
Recto verso caressant
Les pages de sa belle
Il écrit des mots à l'encre ciel

Sans doute a-t-elle souri ?
L'encre de couleur change
Et c'est sur moi qu'il écrit !
Sa passion rougit pour un ange

Parfois, mon stylo est jaloux
Car d'autres prétendants
Inspirés, plus habiles ou plus filous
Ont éveillé de l'aimée un désir ardent

Ainsi mon stylo plume, sous mes doigts
N'est pas toujours docile
À rime d'amour toujours… difficile
D'y souscrire encore une fois

Ce désaccord sournois
Qui existe entre lui et moi
Aboutit bien à son avantage quelques fois

Mais un amour si étrange puis-je le contrarier ?
Puisque ça ne s'est jamais vu
Puisque ça ne court pas les rues
Un Amoureux de pages blanches ou quadrillées !...

Il est temps d'aller au lit

Il est temps d'aller au lit
Pour sauter sur le matelas
Balayer l'air avec les bras
Et chiffonner le couvre lit

Sur les draps, entre les friselis
Simuler des nages ou plongeons
Batailler avec des polochons
Ou s'inventer un fictif rallye

Il est temps d'aller au lit
Avec la montée d'adrénaline
Sauter sur un doux trampoline
Et caresser la lune bouffie

Et parmi toutes les panoplies
Quand les caresses s'allient
Rêve et amour se concilient
Sur un bonheur qui s'accomplit

Bref il est toujours temps d'aller au lit
Pour s'amuser avec elle ou avec lui
Parfumer la chambre de patchouli
Où cœur contre cœur se multiplie...

L'allumeur de "rêves...herbert"

Cet allumeur qui drague là et ici
C'est à l'humeur de sa fantaisie

Un allumeur qui mate
Mais qui peut faire échec et mat

Autrefois un allumeur de bec de gaz
ça gaze
Dans le tuyau
Et que sa proie peut lui tenir le bec dans l'eau...

L'un sans l'autre

Parfois l'un n'empêche pas l'autre
Voici quelques exemples :

Rire de tout et pleurer pour rien
Être malade imaginaire et consulter un vrai médecin
Être mauvais en tout et être bon à rien
Se remettre en selle et satisfaire ses besoins
Se jeter à l'eau et s'envoyer en l'air
Semer à tout vent et récolter des courants d'air
Prendre les devants et assurer ses arrières
Avoir les mains libres et être chargé d'affaires

Être une tête de mule et avoir des charentaises
S'en prendre plein la poire et ramener sa fraise
Retourner sa veste et jouer les doublures
Venir de nulle part et aller se faire voir ailleurs
Être court sur pattes et avoir le bras long
Admettre avoir tort et ne pas perdre la raison
Descendre les bocks de bière et monter en pression
Aimer le bon vin et en avoir l'eau à la bouche

Être mou de la tige et être dur de la feuille
Changer d'avis et garder la même chemise
Se regarder dans la glace et se mettre à réfléchir
Aimer les éléphants et prendre leurs défenses
Changer de statut et rester de marbre

Couper la parole et hacher les phrases
Tomber des nues et aller se rhabiller
Tendre la main et prendre son pied
Perdre la rime et trouver le rhum... pour se consoler...

Bonheur du Scribouilleur

Il y a ceux qui se grisent dans la magie noire
Quant à moi, je m'exerce dans l'humour noir
La thaumaturgie remonte à la nuit des temps
Mes textes, eux, viennent de l'instant présent
Ce que j'écris n'a rien de vraiment magique
Et ce n'est pas non plus d'un grand tragique

Certains prétendent qu'il n'y a rien de sorcier
A trouver des beaux mots et de les associer
Que si ma motivation est de noircir du papier
Je pourrais aussi bien écrire avec mes pieds
Ainsi, au lieu de sévir dans le mauvais esprit
Je peux entretenir mon agilité à moindre prix

Je ne sais pas lire dans le marc des cafetières
Ni interpréter la vapeur parfumée des théières
Alors j'essaye de scribouiller quelques lignes
C'est toujours besogneux mais je reste digne
La pêche aux idées est parfois un vrai calvaire
Quand on a les neurones en plein courant d'air

Je ne promets pas des monts et merveilles
Mon style c'est plutôt démons et corneilles
Ça ne ressemble pas à de la magie blanche
Je laisse ça aux voyantes à belles hanches
Avec moi pas de mise en scène ni de rituel
Mais juste une grande envie d'être spirituel...

Du Rhum pour un Rhume

Comme d'habitude, mon programme du matin
C'est de faire du sport pour garder un bon teint
J'étais parti courir entre les nappes de brumes
Bien mal m'en a pris, j'ai attrapé un gros rhume

Pour me soigner, pas de médicaments ni drogues
Je me suis juste fait un de ces bons vieux grogs
Aucun besoin de rajouter du citron et du miel
Sa préparation ne doit comporter que l'essentiel

Avec beaucoup de rhum et un peu d'eau chaude
Ça m'a anesthésié avec la figure bien rougeaude
À quoi était donc due cette réaction calamiteuse
Je n'avais pourtant pas mis d'eau ferrugineuse !...

Crise de Nerf

J'ai connu des visionnaires
qui ne voyaient pas plus loin que le bout de leur nez
J'ai connu des missionnaires
qui ne songeaient qu'à démissionner
J'ai connu des partenaires
qui se la jouaient toujours en solo
J'ai connu des tortionnaires
qui se torturait l'esprit quand ils n'avaient rien à faire
J'ai connu des actionnaires
qui étaient inaptes pour l'action
J'ai connu des vétérinaires
qui jouaient au chat et à la souris avec les chiens
Bref pour ne rien vous cacher
En ce moment je suis en pleine crise de naire...

Santé au Boulot

Ma mère était une blanchisseuse ravie
Elle lavait, rinçait et repassait sans relâche
Elle revenait lessivée dès son travail accompli

Mon père maçon, construisait avec aisance
Des maisons. Montant des briques et des parpaings
Le soir, fourbu, il se murait dans son silence

Et moi je sévis dans les pompes funèbres
C'est très physique de porter les cercueils
La journée terminée, crevé, j'ai mal aux vertèbres

Ce sont là trois exemples vraiment significatifs
Qui montrent que notre métier déteint sur nous
A moins que ... ce soit la fatigue, le justificatif !...

Narration

De votre vie, n'avez vous jamais vu un cygne
Si j'en vois un, promis juré je vous fais signe
Valser fièrement, sur l'eau, avec une cane
Non ? Alors laissez-moi prendre ma canne

Suivez-moi en direction de ce noble chêne
Oui, celui qui est entouré de vieilles chaînes
C'est, paraît-il, pour le protéger des gens
D'après ce que m'a dit mon copain Jean

Là, juste derrière lui, il y a une étendue d'eau
Que vous verrez mieux si vous tournez le dos
Et, observez bien, malgré le brouillard dense
On peut voir les deux amoureux qui dansent

Ils se cachent pour faire tournoyer leur corps
Oubliant, pour un instant, chasseurs et cors
Admirez comme Ils virevoltent avec grâce
Lui n'est pas gros et elle n'est pas grasse

On peut, à ce tableau, s'émerveiller à mi-voix
Mais, surtout, il ne faut pas qu'ils nous voient
Sinon, ils s'envoleront aussitôt et fini le ballet
Cela anéantirait le charme d'un coup de balai

Ensuite, nous irons cueillir quelques amandes
Pour ça, personne ne nous mettra à l'amende
Nous les mangerons à l'aide d'un bon petit vin
Un verre suffira, pas la peine d'en boire vingt…

Au comte Denoël

Il était une fois un comte qui s'appelait Denoël
Et chaque année à l'approche des fêtes de Noël
Il cherchait des idées pour faire plaisir à ses enfants
Allant jusqu'à se déguiser en girafe ou en éléphant

Mais ce qui lui plaisait surtout c'était les histoires
Car il aimait émerveiller et étonner son auditoire
Et plutôt que de narrer toujours les mêmes contes
Ce qu'il trouvait être inconcevable pour un comte

Il préférait se creuser la tête à inventer des fables
Qu'ensuite il racontait à la fois captivant et affable...

Bibliographie

EFL est passionné par la poésie depuis longtemps avant de publier le recueil intitulé Loufoquerie, aux poèmes déglingués.

Toujours plongé dans l'écriture, il aime inventer des poèmes qui fassent rire pour partager avec ses lecteurs, sa passion, son humour, son imagination afin de faire vibrer le cœur et l'esprit.

Il a passé sa jeunesse à voyager et a remporté de nombreux prix à des concours.

Aujourd'hui EFL participe à des blogs de poésie en France et en Espagne, effectue des poèmes bilingues en duo et aide d'autres poètes, en les conseillant sur l'écriture, la publication et la promotion de leur recueil ou nouvelle littéraire.

En bref, partager l'inventivité de ses "coups de cœur" est aussi de cultiver ses "coups de génie".

Index

Synopsis

Il s'agit d'un ouvrage qui offre une **poétique du rire...**
Dans quelles mesures EFL fabrique-t-il une poétique du rire ?

Il est possible de repérer de nombreux exemples de rires francs et directs, qui se nourrissent de la farce, du jeu de mots ou encore du grotesque, du burlesque à travers les poèmes, telle la forme de "comique absolu" pour Baudelaire.

De manière générale, les rires émaillent l'oeuvre dans son ensemble : qu'il s'agisse d'un fou rire, d'un rire jaune, d'un rire joyeux, d'un rire gras ou d'un rire déformé jusqu'à la "Grimace"...

Existe-t-il là une sorte d'ingénuité régénératrice qui devient force de libération de l'humour dans le recueil Loufoquerie, Aux Poèmes Déglingués ? En effet, c'est aussi le rire dans sa dimension anthropologique qui fait l'objet d'une attention rigoureuse de la part d'EFL, ce dernier investiguant dans l'humour, les formes et les valeurs qui lui sont associées par-delà les latitudes et les hémisphères. Ainsi, le rire ressurgit souvent, en signe de désamorçage, pour redonner, également une certaine humanité à ce qu'il y a de plus ineffable dans l'univers du rire et de l'humour...

J'espère te revoir avant d'en arriver là...

© 2024 EFL
EFL est un pseudo pour les initiales de
Edmond **F**rédéric **L**argeau

ISBN : 978-2-3224-7876-7

Achevé d'imprimer en Octobre 2024
Dépôt légal: Octobre 2024

Prix: 20,00 €